BEI GRIN MACHT SICH IHR WISSEN BEZAHLT

- Wir veröffentlichen Ihre Hausarbeit, Bachelor- und Masterarbeit

- Ihr eigenes eBook und Buch - weltweit in allen wichtigen Shops

- Verdienen Sie an jedem Verkauf

Jetzt bei www.GRIN.com hochladen und kostenlos publizieren

Persönlichkeitspsychologie. Theorie von Eysenck, Sensation Seeking, Ängstlichkeit

GRIN ☺

Bibliografische Information der Deutschen Nationalbibliothek:

Die Deutsche Nationalbibliothek verzeichnet diese Publikation in der Deutschen Nationalbibliografie; detaillierte bibliografische Daten sind im Internet über http://dnb.d-nb.de abrufbar.

ISBN: 9783346761392
Dieses Buch ist auch als E-Book erhältlich.

© GRIN Publishing GmbH
Nymphenburger Straße 86
80636 München

Druck und Bindung: Books on Demand GmbH, Norderstedt Germany
Gedruckt auf säurefreiem Papier aus verantwortungsvollen Quellen

Das vorliegende Werk wurde sorgfältig erarbeitet. Dennoch übernehmen Autoren und Verlag für die Richtigkeit von Angaben, Hinweisen, Links und Ratschlägen sowie eventuelle Druckfehler keine Haftung.

Das Buch bei GRIN: https://www.grin.com/document/1297404

Einsendeaufgabe

Persönlichkeitspsychologie

SRH Fernhochschule

Modul:

Persönlichkeitspsychologie

Studiengang:

Psychologie B.Sc.

Inhaltsverzeichnis

Abkürzungsverzeichnis

z. B.   Zum Beispiel

MBTI   Myers-Briggs-Typenindikator

SS   Sensation Seeking

SSS   Sensation Seeking Scale

Vgl.   vergleiche

1 Aufgabe A1

1.1 Theorie von Eysenck

Bereits im fünften Jahrhundert vor Christus differenzierte der griechische Arzt Hippokrates Menschen nach ihren Charaktereigenschaften. Er postulierte, dass der Körper vier Hauptsäfte enthält, die jeweils mit bestimmten Temperamenten, Emotionen und Verhaltensmustern verbunden sind. Hierbei unterschied er zwischen den folgenden vier Typen:

- Sanguiniker, fröhlicher und aktiver Optimist
- Melancholiker, traurig
- Phlegmatiker, lust- und teilnahmslos
- Choleriker, schnell reizbar und leicht erregbar[1]

Im weiteren Verlauf entwickelte der griechische Arzt Galenos im zweiten Jahrhundert nach Christus eine Theorie, laut der die Persönlichkeit eines Menschen davon abhängt, welche Körperflüssigkeiten dominieren. Galen ordnete die Körpersäfte von Hippokrates den folgenden Persönlichkeitstypen zu:

- Blut: Sanguinisches Temperament, lebhaft und glücklich
- Schleim: Phlegmatisches Temperament, teilnahmslos und träge
- Schwarze Galle: Melancholisches Temperament, freudlos und nachdenklich
- Gelbe Galle: Cholerisches Temperament, reizbar[2]

Die Kehrseite dieser Typologie ist, dass Menschen in sich gegenseitig ausschliessende Kategorien eingeteilt werden.
Hans Jürgen Eysenck (1916–1997) versuchte in seinem typologischen Ansatz, die Persönlichkeit durch mehrere Hauptkategorien zu erklären: Der Psychologe teilte die Dimensionen Extraversion (Orientierung nach aussen versus nach innen), Neurotizismus (emotionale Stabilität versus emotionale Labilität) und Psychotizismus (freundlich und rücksichtsvoll versus angriffslustig und asozial) ein, kurz auch das PEN-Modell genannt.[3] Der Neurotizismus ist durch Angst-, Depressions- und Reizbarkeitstendenzen gekennzeichnet. Dabei sind neurotische Menschen emotional instabil, einige Personen mit schwerem Neurotizismus haben unbegründete Ängste vor bestimmten Objekten, Orten, Tieren sowie Menschen oder zeigen zwanghafte Verhaltensweisen.[4]

---

[1] Vgl. *Herzberg/Roth* (2014), S. 12
[2] Vgl. *Zimbardo/Gerrig* (2008), S. 505
[3] Vgl. *Becker* (2014), S. 23
[4] Vgl. *Maltby et al.* (2011), S. 313-314

4

Darüber hinaus berichten neurotische Menschen oft von Sorgen, Angst und anderen unangenehmen Gefühlen. Neurotizismus geht mit einer Häufigkeit und Intensität chronischer negativer Emotionen einher, aber lediglich leicht mit einer Häufigkeit und Intensität positiver Emotionen. So kündet Neurotizismus vielfältige Probleme in der Arbeitswelt an: ein fehlender Einsatz durch eine sich rasch abzeichnende subjektive Überlastung, Probleme im Umgang mit Kunden und Mitarbeitern, vor allem durch hohe Reizbarkeit und Verwundbarkeit, sowie ein häufiger Jobwechsel. Ferner ist der Neurotizismus ein wesentlicher Risikofaktor für unglückliche und instabile Partnerschaften zwischen Männern und Frauen.[5]

Eysenck sieht in den Dimensionen Extraversion und Neurotizismus eine grundlegende Beschreibung der Grundstruktur der Persönlichkeit.[6]

Die Einteilung in Psychotiker (Menschen mit schweren psychischen Störungen) und Psychopathen führte Eysenck schliesslich zu einem zweiten Persönlichkeitstyp, dem Psychotizismus. Diese Dimension ist gekennzeichnet durch Aggression, fehlendes Einfühlvermögen, Schuldlosigkeit und Rücksichtslosigkeit.

Die dritte Dimension Extraversion mit der dazugehörigen Introversion basiert auf Pavlovs Konzept des starken und schwachen Nervensystems, das erregende und hemmende Erregung einführt.[7] Der typische Extravertierte sucht soziale Kontakte, feiert gerne, hat viele Freunde und benötigt viele Gesprächspartner. Er beschäftigt sich nicht gerne mit sich selbst. Extravertierte brauchen immer Aufregung und suchen Veränderung. Sie sind normalerweise impulsiv. Darüber hinaus lieben sie das Leben, scherzen gerne, haben für jede Situation das richtige Wort und lachen viel. Extravertierte ziehen es vor, sich zu bewegen und viele Dinge zu tun. Sie neigen dazu, aggressiv und launisch zu sein, haben auch ihre Emotionen nicht immer unter Kontrolle und sind oft unzuverlässig. In der Arbeitswelt begünstigt die Extraversion einen optimalen Kundenkontakt, die Führungsqualität und den Verkaufserfolg.

Typische Introvertierte hingegen sind eher ruhig, introspektiv und finden Bücher interessanter als Menschen. Sie haben Vorbehalte gegenüber anderen Personen. Zudem neigen sie dazu, Dinge zu planen und sind daher nicht als spontan anzusehen. Sie mögen keine Aufregung und bevorzugen ein ruhiges und geordnetes Leben. Darüber hinaus kontrollieren sie ihre Emotionen und verhalten sich selten aggressiv. Introvertierte sind zuverlässig, manchmal pessimistisch und haben hohe moralische Standards.[8]

Zusammengefasst lässt sich festhalten, dass Introversion nicht als Gegenteil von Extraversion verstanden werden kann, sondern eher als fehlende Extraversion. Introvertierte

---

[5] Vgl. *Neyer/Asendorpf* (2018), S. 144-145
[6] Vgl. *Becker* (2014), S. 25
[7] Vgl. *Weber/Rammsayer* (2005), S. 72
[8] Vgl. *Stemmler et al.* (2016), S. 282-283

ziehen es oft vor, Dinge allein zu tun und isoliert zu handeln, jedoch nicht aufgrund mangelnder sozialer Fähigkeiten oder sozialer Angst, sondern weil sie im Allgemeinen Einsamkeit und Unabhängigkeit bevorzugen.[9]

1.2 Eysenck Modell und seine Implikation für die Gegenwart

Eysenck verwendete das PEN-Modell, um die Beziehung zwischen der Persönlichkeit und unterschiedlichen sozialen Verhaltensweisen zu analysieren. Dazu gehörten Forschungen zu Kriminalität, Drogenkonsum und Sexualität. In den letzten dreissig bis vierzig Jahren wurden zahlreiche Studien durchgeführt, die Eysencks Theorie stützen und weiter reproduzieren. Insbesondere die Dimensionen Extraversion und Neurotizismus können als gute und zuverlässige psychometrische Masse betrachtet werden.[10]

In den letzten Jahren verfestigte sich die Tendenz, dass Persönlichkeitsmerkmale auch durch das Fünf-Faktoren-Modell angemessen betrachtet werden können. In diesem Modell werden Neurotizismus, Extraversion, Offenheit für neue Erfahrungen, Verträglichkeit und Gewissenhaftigkeit differenziert. Die Dimensionen Extraversion (E) und Neurotizismus (N) entsprechen den gleichnamigen Dimensionen in Eysencks Theorie, die anderen drei existieren im Eysenck-Modell nicht, was einen signifikanten Unterschied zwischen den beiden Modellen darstellt. Zusammengefasst beginnt Eysencks Theorie der Persönlichkeitspsychologie heutzutage mit der Rekonstruktion alltagspsychologischer Urteile durch die Extraversion und den Neurotizismus, die zwei Dimensionen des Fünf-Faktoren-Modells sind.[11]

1.3 Typische Persönlichkeitstypologie in der Personalarbeit

Faktoren wie Schüchternheit, ein eher aggressives Verhalten gegenüber Vorgesetzten oder eine Risikobereitschaft sind für die Karriereperspektiven von Bedeutung. Diese Aspekte werden heutzutage von Unternehmen berücksichtigt und gefördert.

Die Individualität der Mitarbeiter wird zum Gegenstand permanenter Selbstoptimierung. Dabei ist diese Selbstoptimierung für Mitarbeiter im Unternehmen eine Chance zur Selbsterkenntnis, zur kritischen Reflexion der eigenen Stärken und Fähigkeiten sowie dazu, Verantwortung für das eigene Leben zu übernehmen.[12] Die dafür am häufigsten

---

[9] Vgl. *Neyer/Asendorpf* (2018), S. 143-144
[10] Vgl. *Stemmler et al.* (2016), S. 356-360
[11] Vgl. *Asendorpf* (2007), S. 181-182
[12] Vgl. *Landes/Steiner* (2013), S. 140-141

verwendeten Persönlichkeitsmodelle sind das DISG-Persönlichkeitsprofil und der Myers-Briggs-Typenindikator, kurz MBTI.

Auffallend ist die Ähnlichkeit zwischen der hippokratischen Typklassifikation und den DISG-Persönlichkeitsmerkmalen mit den vier Grundtypen. Die Abkürzung DISG steht dabei für Dominanz (D), Initiative (I), Stetigkeit (S) und Gewissenhaftigkeit (G). Dieser Test wird hauptsächlich in Situationen eingesetzt, in denen das DISG-Persönlichkeitsprofil zur Selbstanalyse verwendet werden kann. Ferner wird er jedoch auch von Unternehmen in der Personalauswahl eingesetzt, um weiter nach geeigneten Kandidaten zu suchen.[13] Die DISG-Persönlichkeitsmerkmale wurden ursprünglich nicht mit dem alten Konzept der vier Temperamente in Verbindung gebracht. Nach der Entwicklung des DISG stellte sich jedoch heraus, dass es seinem Vorgänger ähnlich ist.

Im Folgenden wird näher auf den MBTI eingegangen. Die amerikanischen Psychologinnen Katherine Myers und Isabel Myers-Briggs entwickelten das MBTI-Modell, welches sich zu einem marktfähigen Werkzeug etablierte. Es beschreibt Präferenzen in Bezug auf Verhaltensstile, die von Situation zu Situation und in verschiedenen sozialen Situationen variieren können. Daher unterscheiden sich die eingesetzten Fragebögen in ihren jeweiligen Handlungsfeldern. Der Test dient am besten dazu, sich selbst einzuschätzen und ermöglich somit eine intensive Auseinandersetzung mit der eigenen Person. Die zugrunde liegenden Persönlichkeitsmodelle beschreiben 16 Persönlichkeitstypen. Im Fragebogen sind neunzig Fragen in leicht verständlicher Sprache enthalten, sodass er ohne besondere Voraussetzungen ausgefüllt werden kann. Die psychologischen Gegensätze in der Fragestellung sorgen für eine Objektivität.[14]

In den USA wird der fragebogenbasierte MBTI etwa eine Million Mal pro Jahr für Teambildung und Managemententwicklung eingesetzt. Auch in Europa wird er zunehmend verwendet.

Der MBTI unterscheidet vier verschiedene Ebenen mit bipolaren Eigenschaften:

- Aufmerksamkeit: Extraversion (E) und Introversion (I)
- Wie werden Informationen aufgenommen: sensitives Empfinden (S) und Intuition (N)
- Entscheidungsfindung: Denken (T) und Fühlen (F)
- Umgang mit der Umwelt: Urteil (J) und Wahrnehmung (P)

---

[13] Vgl. *Dauth* (2012), S. 17-19
[14] Vgl. *Landes/Steiner* (2013), S. 143-148

Die Leitfrage für die erste Dimension lautet, woher der Mensch seine Energie bezieht. Dem extravertierten Pol können Personen zugeordnet werden, die Energie von aussen beziehen, z. B. durch die Interaktion mit der Umwelt und den Kontakt mit anderen. Im Gegensatz dazu können dem introvertierten Pol diejenigen zugeordnet werden, die eine innere Verbindung zu sich selbst sowie den eigenen Gedanken und Gefühlen haben.

Die Dimension, wie Informationen aufgenommen werden, betrachtet die Wahrnehmung aus einer Detail- oder einer ganzheitlichen Perspektive.

Eine Person, die die Umwelt genau wahrnehmen kann, die alle Sinne einsetzt und zudem Fakten und Informationen mag, kann einem sensitiven Empfinden zugeordnet werden. Dem intuitiven Pol hingegen können Menschen zugeordnet werden, die über den Tellerrand schauen, die zukunftsorientiert sind und die sich gerne neuen Problemen stellen. Bei der dritten Dimension geht es um die Entscheidungsfindung. Dabei wird die Grundlage des Entscheidungsverhaltens betrachtet. Der denkende Typ ist nüchterner und stützt sich hauptsächlich auf Logik. Er trifft Entscheidungen auf Grundlage von Fakten. Der fühlende Typ hingegen fällt Entscheidungen basierend auf bestimmten Emotionen. Er ist sensibler und verständnisvoller.

Die Schlüsselfrage der vierten Dimension betrachtet das Vorgehen und lautet: Wie wird das Leben organisiert? Der urteilende Typ neigt dazu, schnelle Entscheidungen zu treffen und denkt in klaren Kategorien. Im Gegensatz dazu ist der P-Typ flexibler und passt sich eher aufgrund neuer Informationen an.[15]

1.4 Anwendbarkeit in der Aus- und Weiterbildung

Da der MBTI die Persönlichkeit als dynamisch und entwicklungsfähig ansieht, ist dieses Modell besonders auf den Entwicklungsbereich der Personalarbeit anwendbar. Mithilfe des MBTI können sich Menschen zunächst selbst reflektieren, ihre Persönlichkeit verstehen und sich entsprechend positionieren. Der MBTI kann sie zudem erkennen lassen, dass jedes Teammitglied seine eigenen Stärken hat. Es kann ein gegenseitiges persönliches Verständnis aufgebaut werden, das sich positiv auf die Zusammenarbeit auswirken kann. Darüber hinaus eignet sich der MBTI besonders für Aus- und Weiterbildungen bei Führungskräften. Dabei können Persönlichkeitsmerkmale, welche Stärken im Arbeitsumfeld darstellen, ausgebaut und Schwächen verbessert werden.[16]

Die Begeisterung für die Verwendung dieser Persönlichkeitstypen ist jedoch nicht universell. Skeptiker weisen darauf hin, dass die Typologie die Klassifizierung erleichtert.

---

[15] Vgl. *Achouri* (2015), S. 78-80
[16] Vgl. *Raps* (2017), S. 181

Es sollte zudem daran erinnert werden, dass das Konzept der Typen praktische Grenzen hat. Dies liegt daran, dass die Unterscheidung zwischen Kategorien im wirklichen Leben oft mehrdeutig ist. Niemand ist beispielsweise absolut höflich oder unhöflich, Menschen sind schliesslich komplexer mit Schattierungen und Charakterschichten.[17]

Der Barnum-Effekt ist ebenfalls ein häufiges Phänomen bei Persönlichkeitsbewertungen. Dieser Effekt besagt, dass Menschen allgemeingültige Aussagen auf sich projizieren und diese als zutreffende Beschreibung empfinden.

Zusammenfassend lässt sich zur Anwendbarkeit des MBTI-Modells auf die Aus- und Weiterbildung in der Personalpraxis sagen, dass es sich um ein geeignetes Instrument der Personalentwicklung handelt.[18]

2 A2 Sensation Seeking

2.1 Definition Begriff Sensation Seeking

Marvin Zuckerman (1928–2018) stellte die Hypothese auf, dass bis zu 60 % des menschlichen Verhaltens von Genen bestimmt wird. Es werden jedoch keine komplexen Verhaltensmuster vererbt, sondern biologische Tendenzen, die bestimmen, wie gut Verhaltensmuster erlernt werden können.[19]

Das Merkmal Sensation Seeking bezieht sich auf die Tendenz, relativ neue und stimulierende Situationen zu suchen und zu erforschen. Dabei wird der Zustand des Sensation Seeking als ein Vorherrschen charakteristischer Typen starker, positiver Affektgefühle in Situationen mit grosser Neuartigkeit und hohem Risiko definiert. Sensation Seeking beschreibt also das Bedürfnis nach Reizen.[20]

Zuckerman erklärte individuelle Abweichungen im notwendigen Bedarf an Stimulation, damit sich Menschen wohlfühlen und ein optimales Erregungsniveau haben. Er stellte die Hypothese auf, dass Menschen mit geringer Erregung ein hohes Mass an Reizen von der Aussenwelt benötigen. Diese Gruppe nannte er die Sensation Seeker. Dazu gehören Menschen, die gefährliche Sportarten ausüben oder die sich anderweitig Risiken aussetzen, beispielsweise durch die Einnahme von Drogen oder Alkohol. Auch durch das Fernsehverhalten kann das Stimulationsbedürfnis gedeckt werden, zumal der

---

[17] Vgl. *Becker* (2014), S. 30-35
[18] Vgl. *Simon* (2007), S. 100
[19] Vgl. *Becker* (2014), S. 61
[20] Vgl. *Zuckerman* (2015), S. 11

Medienkonsum Erfahrungen bereitstellt, die im Alltag nicht ohne Weiteres erlebt werden können.[21]

Eine Studie verglich Persönlichkeitseinschätzungen von Männern und Frauen Mitte der 1960er-Jahre mit dem Rauch- oder Nichtraucherverhalten Ende der 1980er-Jahre. Männer und Frauen, die sich in den 1960er-Jahren als Sensation Seeker erwiesen, rauchten zwanzig bis fünfundzwanzig Jahre später mit hoher Wahrscheinlichkeit.[22] Andererseits brauchen Menschen mit hoher Erregung keine starken Reize von der Aussenwelt und vermeiden sogar Situationen mit hoher Erregung.

Auch die Differenzierung zwischen den Begriffen Empfindung und Reiz ist von Bedeutung. Für Zuckerman hat nicht der Reiz selbst einen positiven Verstärkungswert für ein Individuum, sondern der Sinneseindruck (Sensation), die Wirkung des Reizes, der verstärkend wirkt.[23]

2.2 Wie wird Sensation Seeking gemessen?

Das Sensation Seeking wird eingesetzt, um Persönlichkeitsmerkmale der Sensation Seeker zu messen. Dabei entwickelte Zuckerman ein Messinstrument, welches Sensation Seeking Scale (SSS) genannt wird, und das in vier Unterfaktoren differenziert werden kann:

- Thrill and Adventure Seeking: Die Neigung oder der Wunsch, durch abenteuerliche Aktivitäten (z. B. durch schnelles Fahren oder Abenteuersport) Nervenkitzel und Abenteuer zu suchen.

- Experience Seeking: Die Tendenz, neue Eindrücke zu gewinnen oder neue Erfahrungen zu sammeln, z. B. durch Reisen oder ungewöhnliche Kunst.

- Disinhibition: Die Tendenz, Stimulation durch soziale Begegnungen (z. B. durch Partys), durch geselliges Trinken oder durch sexuellen Kontakt zu suchen.

- Langweilige Anfälligkeit: Toleriert keine sich wiederholenden Erfahrungen jeglicher Art, wie z. B. Routinen.[24]

Die Ergebnisse von Zuckerman schufen ein grundlegendes psychologisches Verständnis dafür, weshalb sich diejenigen, die beispielsweise ohne Sicherheitsausrüstung in schwindelerregende Höhen steigen, solchen Risiken aussetzen.[25]

---

[21] Vgl. *Becker* (2014), S. 61-62
[22] Vgl. *Zimbardo/Gerrig* (2008), S. 489
[23] Vgl. *Becker* (2014), S. 62
[24] Vgl. *Stemmler et al.* (2016), S. 435
[25] Vgl. *Weber/Rammsayer* (2005), S. 74-75

2.3 Erhöhte Werte auf der SSS

Das Sensation Seeking als Persönlichkeitsmerkmal ist als ein aktives und selektives Verhalten anzusehen, bei dem der Sinn darin besteht, nach Reizen zu suchen. Menschen mit dieser Eigenschaft sind auf der Suche nach neuen (starken) Reizen. Dabei ist die Impulsivität eines der Persönlichkeitsmerkmale, das mit der Suche nach Sensation Seeking in Verbindung gebracht wird, insbesondere in Bereichen wie dem ungeplanten Handeln oder der Risikobereitschaft.

Solche Menschen sind offener für Neues und ziehen es vor, unabhängig von anderen zu sein. Weiterhin werden sie mit reduzierter Angst, erhöhter Sensibilität, Impulsivität und Extraversion in Verbindung gebracht.[26]

Soziale Beziehungen können als eine starke Form der Stimulation angesehen werden. Menschen mit hohen Werten auf der SSS sehen Liebe eher als ein weniger involviertes Spiel, während diejenigen mit niedrigen Werten auf der SSS mehr Wert auf den Beziehungsebenen in einer Beziehung legen. Zuckerman konnte in einer Studie nachweisen, dass hohe Werte auf der SSS bei der Suche nach Gefühlen mit einfacheren sexuellen Einstellungen und mehr Sexualpartnern verbunden waren.

Ferner ist Drogenkonsum bei Menschen mit hohen Werten auf der SSS hervorzuheben. Zuckerman differenzierte dabei drei unterschiedliche Motivationsformen für den Konsum von Suchtmitteln:

1.) Neugier auf die Wirkung der Substanz

2.) Die Freude an positiven, stimulierenden Wirkungen

3.) Vermeidung von Unbehagen und Schmerz

Das erste Stadium beschreibt den Anfang oder den gelegentlichen Konsum, das zweite den Drogenmissbrauch und das dritte die mögliche Sucht. Die ersten beiden Stufen beziehen sich auf die Suche nach Sensation Seeking, während die dritte als das Ergebnis der vorherigen Schritte anzusehen ist.

Sensationssuchende probieren eher Drogen für neue Erfahrungen aus, jedoch werden nicht alle süchtig. Hohe Sensation Seeking-Werte im jugendlichen Alter stellen beispielsweise Risikofaktoren für den Drogenkonsum dar. Nichtsdestotrotz hat jedoch das soziale Umfeld eines Jugendlichen schlussendlich den grössten Einfluss.[27]

Aus gesundheitspsychologischer Sicht scheint das Konzept des Sensation Seeking insgesamt mit gesundheitsgefährdenden Verhaltensweisen in Zusammenhang zu stehen. Studien zeigten unter anderem, dass hohe SSS-Werte häufiger mit Rauchen,

---

[26] Vgl, *Asendorpf* (2004), S. 174
[27] Vgl. *Zuckerman* (2014), S. 269-275

11

Drogenkonsum, übermässigem Alkoholkonsum oder einer gefährlichen Fahrweise einhergehen. In der Gesundheitspsychologie können beispielsweise mit dem Konzept des Sensation Seeking und dem dazugehörigen Messinstrument SSS gezieltere Interventionen für Menschen mit diesem Persönlichkeitsmerkmal entwickelt werden, um eine optimale Unterstützung bei einem gesunden Lebensstil bieten zu können. Zudem können so mögliche Suchtverhalten besser vorhergesagt und bei den Beteiligten ein Bewusstsein für solche Gefahren geschafft werden.[28]

2.4 Schlussfolgerung für die Besetzung von Geschäftsführungspositionen und Bewerbern mit hohen Werten auf der SSS

Die Karriere stellt eine Gelegenheit dar, sich einer Vielzahl neuer, abwechslungsreicher und spannender Herausforderungen zu stellen. Laut Forschung sind Menschen mit hohen SSS-Werten dazu bestimmt, herausfordernde und unkonventionelle Karrieren zu wählen. Dabei sollten die Aufgaben neu und komplex, jedoch nicht überstrukturiert, und flexibel sein.[29]

In der heutigen agilen Arbeitswelt steht eine gesunde und moderne Führung für den direkten Einfluss, den die Führungskräfte auf ihre Mitarbeiter haben, die geschätzt, motiviert, ermutigt, an der Entscheidungsfindung beteiligt und unterstützt werden. Führung ist eine Ressource für Mitarbeiter, um ungünstige Stressoren abzubauen sowie die Zufriedenheit und damit die Produktivität zu steigern.[30]

Die Führungsaufgaben sind dabei als vielfältig anzusehen, bei denen sich Führungskräfte auf jeden Mitarbeiter individuell einstellen müssen. Trotz der Vielfältigkeit fallen beispielsweise Routinearbeiten an. Sensation Seeker mit hohen Werten auf der SSS langweilen sich schnell und möchten immer wieder neue Herausforderungen annehmen. Kurz gesagt, wird konstant nach der optimalen Reizschwelle gesucht.

Dabei können keine wiederholenden Erfahrungen jeglicher Art toleriert werden, wie beispielsweise die tägliche Arbeit oder langweilige Mitarbeiter. Diese Anfälligkeit für Langeweile äussert sich in der Abneigung gegen eintönige Situationen und Unruhe in solchen Situationen. Dennoch können Vorteile von Sensation Seekern genannt werden, wie die Suche nach Neuem, bei der oftmals verschiedene Berufe in unterschiedlichen Branchen ausprobiert werden, sodass entsprechend eine breiten Palette an Erfahrungen mitgebracht wird.

---

[28] Vgl. *Zimbardo/Gerrig* (2008), S. 489
[29] Vgl. *Fichter* (2018), S. 178
[30] Vgl. *von Au* (2018), S. 65-66

Nichtsdestotrotz sollen Unternehmen bei der Besetzung einer Führungsposition mögliche Bewerber genauestens prüfen, die Kandidaten besser kennenlernen und mit ihnen die verschiedenen Möglichkeiten besprechen. Unternehmen, die es ihren Mitarbeitern ermöglichen, im Laufe der Zeit verschiedene Positionen zu besetzen und bei denen Prozesse agil und flexibel sind, können für Sensation Seeker eine optimale Arbeitsatmosphäre darstellen, in der sie ihre Stärken optimal einsetzen können.[31]

3 Ängstlichkeit

3.1 Definition von Ängstlichkeit

Menschen erleben in bestimmten Lebenssituationen Furcht oder Angst. Während sich die beiden Begriffe im Wesentlichen auf emotionale Zustände beziehen, wird in letzter Zeit zunehmend nach den auslösenden Umweltbedingungen unterschieden, die primär auf das Persönlichkeitsmerkmal Angst abzielen.[32] Ängstlichkeit als Persönlichkeitsmerkmal beschreibt eine Vielzahl komplexer Erfahrungen, Verhaltenskomponenten und Umweltbedingungen. Sie sollte nicht als vereinheitlichendes Merkmal betrachtet werden, sondern als eine Persönlichkeitshierarchie situationsspezifischer Angstfaktoren.[33]

Angst entsteht laut Freud, wenn das Ich Gefahr läuft, zu vielen bedrohlichen Reizen nicht standhalten zu können, sei es von innen oder von aussen. Freud kannte drei Formen der Angst:

- Wahre Angst
- Neurotische Angst
- Moralische Angst

Freuds Konzept der Angst handelt also von dem inneren psychologischen Konflikt, den das Selbst als Bedrohung erlebt. Das Ego möchte diesem unangenehmen Zustand nicht über längere Zeit ausgesetzt werden und setzt Abwehrmechanismen ein, wenn es dagegen ankämpft.[34]

---

[31] Vgl. *Stemmler et al.* (2016), S. 436-439
[32] Vgl. *Krohne* (2010), S. 21
[33] Vgl. *Weber/Rammsayer* (2005), S. 368-369
[34] Vgl. *Becker* (2014), S. 109

In neueren Angsttheorien wird die Angst als multidimensional verstanden, einschliesslich der Anfälligkeit für körperliche Bedrohungen. Es werden dabei vier situative Arten von Angsttendenzen unterschieden:

- Soziale Bewertung
- Körperliche Gefahr
- Neue oder aussergewöhnlich seltsame Situationen
- Alltägliche Dinge[35]

Die psychologische Forschung schenkte der Angst insbesondere in sozialen Bewertungssituationen Aufmerksamkeit, wie beispielsweise Prüfungsangst, aber auch Sprechängstlichkeit.[36]

Mithilfe des Baker-Angstinventar (BAI) kann der Schweregrad von Angststörungen bei Erwachsenen und Jugendlichen bestimmt werden. Dabei werden die Punkte addiert, sodass daraus ein Ergebnis zwischen null und 63 resultiert. Es wurde ein BAI-Handbuch konzipiert, welches die Richtlinien zur Interpretation dieser Werte enthält. Werte zwischen null und sieben spiegeln das niedrigste Mass an Ängstlichkeit wieder, Werte zwischen acht und 15 ein leichtes Mass, Werte zwischen 16 und 25 ein mässiges Mass an Ängstlichkeit und höhere Werte zeigen ein hohes Mass.

Darüber hinaus kann mithilfe der Depression Anxiety Stress Scales (DASS) die Ängstlichkeit gemessen werden. Die DASS bestehen aus drei Selbstberichtsskalen, die entwickelt wurden, um negative emotionale Zustände von Depression, Angst und Stress in einem Selbstberichtsfragebogen zu messen. Dabei misst die Ängstlichkeit die autonome Erregung, Auswirkungen auf die Skelettmuskulatur, Situationsangst und subjektive Angstgefühle.[37]

3.2 Zwangsstörungen

Zwangsstörungen sind Gedanken, Bilder oder Impulse, die trotz Versuchen, sie zu unterdrücken, immer wiederkehren oder bestehen bleiben. Die Zwangsgedanken werden als ungewollte Invasion des Bewusstseins erlebt. Ein Patient sieht die Verhaltensweise oft als sinnlos und er versucht (oft erfolglos), zu widerstehen.[38]

Mit einer Lebenszeitprävalenz, der Kennzahl für die Erkankungshäufigkeit, von 2 % bis 3 % ist die Zwangsstörung eine häufige psychische Erkrankung. Komorbiditäten mit

---

[35] Vgl. *Laux* (2008), S. 221-222
[36] Vgl. *Becker* (2014), S. 110
[37] Vgl. *Hoyer/Margraf* (2003), S. 117-132
[38] Vgl. *Zimbardo/Gerrig* (2008), S. 560-561

anderen psychiatrischen Erkrankungen sind hoch, insbesondere mit depressiven Störungen und Angststörungen. Sie treten normalerweise in der Adoleszenz auf, manchmal sogar in der Kindheit. In den meisten Fällen kann die Krankheit unbehandelt chronisch werden. Zwangsstörungen gehen häufig mit einem deutlichen Rückgang der Lebensqualität einher, vornehmlich mit einer Beeinträchtigung der sozialen Beziehungen und der Arbeitsfähigkeit. Sie werden übersehen, weil Patienten sich oft aus Scham nicht melden.[39]

Zwangshandlungen sind sich wiederholende, zielgerichtete Verhaltensweisen, die nach bestimmten Regeln oder auf ritualisierte Weise als Reaktion auf eine bestimmte Besessenheit ausgeführt werden. Typische Zwänge sind der unwiderstehliche Drang, zu putzen, sicherzustellen, dass alle Lichter und Geräte ausgeschaltet sind, und Gegenstände oder Besitztümer zu zählen. Zumindest anfangs versuchen Menschen mit Zwangsstörungen, dem Drang zu widerstehen, bestimmte Handlungen auszuführen. In entspannten Situationen erkennen sie die Absurdität ihres zwanghaften Verhaltens. Nehmen die Spannungen jedoch zu, wird der Drang, Spannungen abzubauen, unerträglich. Ein grosser Teil des Leidens der Betroffenen ist ihre Frustration, wenn sie die Irrationalität ihres Handelns erkennen, es jedoch nicht stoppen können.[40]

3.3 Zwanghafte Persönlichkeitsstörungen

Eine zwanghafte Persönlichkeitsstörung ist wie folgt aufgebaut: Ihr liegt eine anhaltend pessimistische Lebenseinstellung zugrunde. Personen mit einer zwanghaften Persönlichkeitsstörung versuchen, die daraus resultierenden schweren Unsicherheiten auszugleichen, indem sie ständig danach streben, hohe Standards und Ideale zu erreichen.[41] Hauptmerkmale einer zwanghaften Persönlichkeitsstörung sind ein Mangel an Flexibilität im Umgang mit Regeln und Vorschriften sowie eine Vorliebe für Perfektion. Sie werden häufig mit Zwangsgedanken in Verbindung gebracht. Obsessive Inhalte stehen oft im Zusammenhang mit Umweltverschmutzung, Krankheitserregern oder Umweltgiften. Themen wie Tod, Krankheit, Feuer, Ordnung, Symmetrie, Genauigkeit und religiöser Hintergrund machen ebenfalls die Besessenheit aus. Typischerweise sind Menschen mit diesen ungewöhnlichen Verhaltens- und Erfahrungsmustern übermässig mit Details und der Organisation von Dingen und Prozessen beschäftigt und drängen wesentliche Aspekte der Handlung in den Hintergrund. Alles muss dem Wunsch untergeordnet werden, alles richtig und perfekt zu machen. Es kommt sogar häufig vor, dass die zugewiesenen

---

[39] Vgl. *Schneider* (2017), S. 380
[40] Vgl. *Zimbardo/Gerrig* (2008), S. 560-561
[41] Vgl. *Hoffmann/Hofman* (2010), S. 5

Aufgaben nicht erledigt werden können, da bei dieser Erkrankung zu viel Zeit mit dem Streben nach Perfektion verbracht wird. Menschen neigen dazu, sich aus dem gesellschaftlichen Leben zurückzuziehen, um sich vollkommen ihrer Arbeit widmen zu können. Das Delegieren von Aufgaben ist kompliziert, daher arbeiten Menschen mit einer solchen Störung lieber allein, da andere oft ihre Arbeitsstile und Problemlösungsansätze nicht teilen.[42]

3.4 Abgrenzung Zwangsstörungen und zwanghafte Persönlichkeitsstörungen

Trotz ähnlicher Diagnosen ist der Unterschied zwischen einer Zwangsstörung und zwanghaften Persönlichkeitsstörung keineswegs subtil. Beide Störungen beschäftigen sich mit Sauberkeit, Ordnung und Genauigkeit. Während Zwangsstörungen durch quälende Gedanken gekennzeichnet sind, die der Betroffene vielleicht als absurd empfindet, aber nicht bereit ist, in Form von Zwängen nachzugeben, haben Menschen mit Zwangsstörungen normalerweise nur leichte Schmerzen. Diese Menschen sehen ihr Handeln oft als grundsätzlich angemessen an: Sie sehen sich selbst nicht als pedantisch – im Gegenteil, andere sind schlampig. Sie denken nicht, dass sie zu sauber sind – im Gegenteil, alle anderen sind schmutzig.[43]

Eine zwanghafte Persönlichkeitsstörung ist definiert als ein offensichtliches Streben nach Ordnung, Perfektionismus und Kontrolle (bis hin zur Pedanterie) ohne obsessive Gedanken und Verhaltensweisen (ohne Rituale zur Beseitigung von Gedanken). Die Rigidität des Denkens und Verhaltens vermittelt ein Gefühl der Sicherheit gegenüber jeglicher Form von Unsicherheit und angstauslösenden Veränderungen. Im Vergleich zu Menschen mit Zwangsstörungen erleben Personen mit einer zwanghaften Persönlichkeitsstörung ihr Verhalten als Ich-synton, also ihrer Persönlichkeit entsprechend, weshalb sie wenig Veränderungswillen haben und daher keiner Behandlung bedürfen.[44] Darüber hinaus haben Menschen mit zwanghaften Persönlichkeitsstörungen keinen Einblick in Probleme mit ihren Erfahrungen und Verhaltensmustern und sind häufig weniger bereit, sich behandeln zu lassen. Sie sind geprägt von festen Denk- und Wertemustern.[45]

---

[42] Vgl. *Becker* (2014), S. 58
[43] Vgl. *Moritz/Hauschildt*, (2016), S. 12
[44] Vgl. *Morschitzky* (2009), S. 184
[45] Vgl. *Hohagen et al.* (2015), S. 31

3.5 Behandlung zwanghafter Persönlichkeitsstörungen

Menschen mit einer zwanghaften Persönlichkeitsstörung entscheiden sich typischerweise aus folgenden Gründen für eine Therapie:

- Generelles Unwohlsein, wie körperliche Beschwerden (z. B. Schlaflosigkeit)
- Beratungsbedarf aufgrund von Streitereien mit Familienangehörigen oder Arbeitskollegen
- Arbeitsunterbrechungen
- Lebenskrisen: Krise oder Depression
- auf Bedrängnis anderer[46]

Um eine zwanghafte Persönlichkeitsstörung diagnostizieren zu können, müssen Menschen ein tiefes Interesse an Ordnung, Perfektionismus und Kontrolle über sich selbst, über andere Personen und Gegebenheiten haben. Die Diagnose basiert auf der Internationalen Klassifikation der Krankheiten, kurz ICD. Dabei müssen mindestens vier der folgenden Punkte erfüllt sein:

- Unentschlossenheit, Zweifel und übertriebene Vorsicht als Ausdruck tiefer persönlicher Unsicherheit
- Ein übertriebener Perfektionismus, der es schwierig macht, eine Aufgabe zu erledigen (z. B. Scheitern an einem Projekt, da die übermässig hohen Standards nicht erfüllt werden können). Zu viel Engagement für Arbeit und Produktivität, Vernachlässigung von Freizeitaktivitäten und zwischenmenschlichen Beziehungen
- Überengagiert bei der Arbeit und Produktivität, Aussparung von Freizeitaktivitäten
- Übermässige Gewissenhaftigkeit und Starre bezüglich der Moral, Ethik
- Starrheit und Eigensinn
- Unerwünschte Impulse oder Gedanken
- Notwendigkeit einer frühzeitigen, detaillierten und unabänderlichen Vorausplanung aller Aktivitäten[47]

Bei einer Therapie benötigen Therapeuten Geduld. Wenn sich etwas ändert, ändert es sich langsam, Schritt für Schritt. Daher sollte ein Therapeut seinen Klienten niemals drängen, sondern ihn stets entscheiden und das Tempo bestimmen lassen. Ferner muss er ein hohes Mass an Empathie gegenüber einem Patienten aufbringen können: Er muss

---

[46] Vgl. *Hoffmann/Hofmann* (2010), S. 19
[47] Vgl. *End* (2010), S. 2

17

den Klienten verstehen sowie sein Denken und seine inneren Determinanten rekonstruieren können. Darüber hinaus muss er verstehen, warum ein Patient so handelt und wieso er bestimmte Dinge tut.

Die allgemeine Behandlung von Zwangspersönlichkeitsstörungen ähnelt der aller Persönlichkeitsstörungen. Es werden die kognitive Verhaltenstherapie, die psychodynamische Psychotherapie und selektive Serotonin-Wiederaufnahme-Inhibitoren (SSRIs) eingesetzt.[48]

Die kognitive Verhaltenstherapie basiert auf der empirischen Psychologie und integriert Erkenntnisse über Lernprozesse sowie die kognitive, emotionale und soziale Psychologie. Die für ein bestimmtes Verhalten verantwortlichen situativen, biologischen, kognitiven und verstärkenden Determinanten werden aufgelöst. Durch geeignete Lernprozesse, eine kognitive Umstrukturierung und eine Kompetenzentwicklung sollen das Verhalten und das Erleben verändert werden.[49] Das zentrale therapeutische Element der kognitiven Verhaltenstherapie ist das Expositionstraining mit Reaktions-Management. Ein Patient wird dabei in einem gestuften Verfahren mit einer Situation konfrontiert, welche sein zwanghaftes Verhalten auslöst. An erster Stelle steht hierbei, den Patienten umfassend über diese Zusammenhänge aufzuklären und ihn auf eine konfrontative Behandlung vorzubereiten. In einer Expositionssituation wird er dann gebeten, in der Situation zu bleiben, die das zwanghafte Verhalten auslöst, bis er sich deutlich weniger ängstlich und nervös fühlt. Durch wiederholtes Üben dieser Situation wird die Angst immer weniger (= Gewöhnung).[50]

Psychodynamische Therapieansätze sind als ätiologisch orientierte Verfahren anzusehen, das heisst, sie sind stark auf die Klärung und Erforschung des Ursprungs ausgerichtet. In den 1990er-Jahren und in den letzten zehn Jahren, als SSRIs die Antidepressiva-Forschung dominierten, wurden alle SSRIs in grossen randomisierten kontrollierten Studien an Zwangspatienten untersucht, sie erwiesen sich ausnahmslos als wirksam. Bemerkenswert ist die Pharmakoselektivität bei Zwangsstörungen, bei denen sich bisher vorwiegend serotonerge Antidepressiva als wirksam erwiesen. Sie erhöhen die Konzentration des Neurotransmitters Serotonin im Gehirn. Mehrere Studien konnten zeigen, dass diese Medikamente Zwangsstörungen lindern können.

Die Wirkung ist dosisabhängig und tritt erst mit einer Verzögerung von mehreren Wochen ein. Es ist jedoch zu beachten, dass Sturheit und Kontrollbedürfnis der Patienten die Behandlung erschweren können, was für Therapeuten frustrierend sein kann.[51]

---

[48] Vgl. *Sachse et al.* (2015), S. 40-42
[49] Vgl. *Schneider* (2017), S. 190
[50] Vgl. *Lieb et al.* (2016), S. 72-73
[51] Vgl. *Hohagen et al.* (2015), S. 54

Literaturverzeichnis

Achouri, C. (2015), Human Resources Management. Eine praxisbasierte Einführung, 2. Aufl., Wiesbaden.

Asendorpf, J. B. (2004), Psychologie der Persönlichkeit, 3. Aufl., Heidelberg.

Asendorpf, J. B. (2007), Psychologie der Persönlichkeit, 4. Aufl., Berlin.

Becker, B. (2021), Grundlagen der Differenziellen und Persönlichkeitspsychologie, 2. Aufl., Studienbrief der SRH Fernhochschule, Riedlingen.

Dauth, G. (2012), Führen mit dem DISG®- Persönlichkeitsprofil. DISG®-Wissen Mitarbeiterführung, 1. Aufl., Offenbach.

End, R. (2010), Sensation Seeking, Risikobereitschaft und Risikowahrnehmung. Eine behaviorale und psychometrische Untersuchung, 1. Aufl., Wien.

Fichter, C. (2018), Wirtschaftspsychologie für Bachelor, 1. Aufl., Berlin.

Herzberg, P. Y./Roth, M. (2014), Persönlichkeitspsychologie, 1. Aufl., Wiesbaden.

Hoffmann, N./Hofman, B. (2010), Zwanghafte Persönlichkeitsstörung und Zwangserkrankungen, Therapie und Selbsthilfe, 1. Aufl., Heidelberg.

Hohagen, F./Wahl-Kordon, A./Lotz-Rambaldi, W./Muche-Borowski, C. (2015), S3-Leitlinie Zwangsstörungen, 1. Aufl., Heidelberg.

Hoyer, J./Margraf, J. (2003), Angstdiagnostik, Grundlagen und Testverfahren, 1. Aufl., Heidelberg.

Krohne, H. W. (2010), Psychologie der Angst. Ein Lehrbuch, 1. Aufl., Stuttgart.

Landes, M./Steiner, E. (2013), Psychologie der Wirtschaft, 1. Aufl., München.

Laux, L. (2008), Persönlichkeitspsychologie, 2. Aufl., Stuttgart.

Lieb, K./Hesslinger, B./Jacob, G. (2016), 50 Fälle Psychiatrie und Psychotherapie. Typische Fallgeschichten aus der Praxis, 1. Aufl., München.

Maltby, J./Day, L./Macaskill, A. (2011), Differentielle Psychologie, Persönlichkeit und Intelligenz, 2. Aufl., München.

Moritz, S./Hauschild M. (2016), Erfolgreich gegen Zwangsstörungen. Metakognitives Training, Denkfallen erkennen und entschärfen, 3. Aufl., Heidelberg.

Morschitzky, H. (2009), Angststörungen, Diagnostik, Konzepte, Therapie, Selbsthilfe, 4. Aufl., Wien.

Neyer, F. J./Asendorpf, J. B. (2018), Psychologie der Persönlichkeit, 6. Aufl., Berlin.

Raps, A. (2017), Erfolgsfaktoren der Strategieimplementierung, Konzeption, Instrumente und Fallbeispiele, 4. Aufl., Wiesbaden.

Sachse, R./Kiszkenow-Bäker, S./Schirm, S. (2015), Klärungsorientierte Psychotherapie der zwanghaften Persönlichkeitsstörung, 1. Aufl., Göttingen.

Simon, W. (2007), GABALs grosser Methodenkoffer, Persönlichkeitsentwicklung, 1. Aufl., Offenbach.

Schneider, F. (2017), Facharztwissen Psychiatrie, Psychosomatik und Psychotherapie, 2. Aufl., Berlin.

Stemmler, G./Hagemann, D./Amelang, M./Spinath, F. M. (2016), Differentielle Psychologie und Persönlichkeitsforschung, 8. Aufl., Stuttgart.

Von Au, C. (2018), Führen in der vernetzten virtuellen und realen Welt. Digitalisierung, Selbstorganisation, Organisationsspezifika und Tabuthema Tod, 1. Aufl., Wiesbaden.

Weber, H./Rammsayer, T. (2005), Handbuch der Persönlichkeitspsychologie und Differentiellen Psychologie, 1. Aufl., Göttingen.

Zimbardo, P. G./Gerrig, R. J. (2008), Psychologie, 18. Aufl., München.

Zuckerman, M. (1979), Sensation Seeking, Beyond the optimal level of arousal, 1. Aufl., New York.